DÉCLARATION DU ROI,

Portant règlement définitif pour la comptabilité de la Caisse des Amortissemens, établie par Édit du mois de Décembre 1764, qui subroge le sieur Darras, Trésorier de la Caisse des Arrérages, au Trésorier de ladite Caisse des Amortissemens ; & le charge, à compter du 15 Août 1780, tant de la suite des recouvremens relatifs aux droits de Mutation, Dixième & Quinzième d'amortissement, & autres résultans dudit Édit, restans à faire sur les anciens Exercices de ladite Caisse, que des Remboursemens & autres objets restans à acquitter audit jour 15 Août 1780, sur lesdits anciens Exercices : Qui ordonne aussi différentes Reprises à faire dans le compte de l'Exercice 1775, de ladite Caisse des Amortissemens ; & qui valide encore la restitution d'un droit de Mutation, faisant partie de la dépense du compte dudit Exercice, 1775 de la même Caisse.

Donnée à Versailles le 10 Août 1780.

Registrée en la Chambre des Comptes le 16 Septembre suivant.

LOUIS, PAR LA GRÂCE DE DIEU, ROI DE FRANCE ET DE NAVARRE : A tous ceux qui ces présentes Lettres verront ; SALUT. Nous avons fixé par notre Déclaration du 30 juillet 1775, un délai définitif pour terminer les opérations ordonnées par l'Édit du mois de décembre 1764, concernant la libération des dettes de l'État, en ce qui a rapport à la présentation des contrats & quittances de finance aux Bureaux d'enregistrement &

A

de liquidation ; & par la même Déclaration, supprimé, à compter du 1.er Janvier 1776, la Caisse des Amortissemens, établie par l'article XIV dudit Édit ; & ordonné que de ce jour, le Trésorier de ladite Caisse ne feroit plus d'autres fonctions que celles d'achever en recette & dépense les anciens Exercices de cette Caisse, jusques & compris celui de l'année 1775 ; & de compter desdits Exercices en notre Chambre des Comptes, en la forme ordinaire. Nous avons encore, entr'autres choses, ordonné par ladite Déclaration, que le Dixième d'amortissement, établi par le même Édit, continueroit à être perçu, & seroit toujours destiné & affecté au remboursement & extinction des dettes de notre État ; & acquitté, à commencer dudit jour 1.er Janvier 1776, entre les mains du sieur Blondel de Gagny & de ses successeurs Trésoriers de la Caisse des Arrérages, pour (en exécution de la Déclaration du 7 janvier 1770, qui a ordonné que les fonds qui devoient servir aux remboursemens ordonnés par ledit Édit de décembre 1764, seroient par le Trésorier de la Caisse des Amortissemens, versés au Trésor royal, pour y servir au remplacement des sommes qui se trouvoient consommées par anticipation sur les revenus lors à échoir) être le produit dudit Dixième d'amortissement, par eux également porté en notredit Trésor, sauf les sommes que nous jugerions à propos d'en distraire pour employer, à compter de ladite année 1776, aux remboursemens de celles des parties de rentes & intérêts par nous dûs, que nous avons par ladite Déclaration du 30 juillet 1775, désignées remboursables, toutefois à la volonté des propriétaires ; lesquels remboursemens, ainsi que ceux que nous avons annoncé devoir être par nous indiqués par la suite, feroient, aux termes de ladite Déclaration, opérés par ledit sieur Blondel de Gagny & ses successeurs, à notre décharge. Sur ce qui nous a été représenté, en notre Conseil, qu'aux termes de notredite Déclaration du 30 juillet 1775, & en conséquence des Lettres patentes du 9 février 1772, concernant la présentation des comptes de ladite Caisse à la Chambre, le Trésorier de ladite Caisse étant sur le point d'arrêter ses registres, de clore ses Exercices, jusques & compris celui de l'année 1775, & de cesser toutes recettes & dépenses ; il étoit nécessaire de désigner la Caisse à laquelle la suite de l'exécution de l'article XXIV dudit Édit, portant établissement d'un droit de Mutation fur les rentes y énoncées, feroit confiée pour recevoir ce qui refte à recouvrer du droit ouvert antérieurement au 1.er Janvier 1771, époque à laquelle il a ceffé, fuivant l'arrêt du Confeil du 15 juin audit an. Nous avons par notre arrêt du 25 juillet dernier, ordonné que l'exécution dudit article XXIV de l'Édit de décembre 1764, feroit à l'avenir, & à compter du 15 Août 1780, fuivie par le fieur Darras, Tréforier de la Caiffe des Arrérages, déjà chargé par notredite Déclaration du 30 juillet 1775, de la fuite de l'exécution des articles XXXI & XXXIV du même Édit; & en conféquence, que les droits de Mutation reftant dûs pour raifon des mutations qui ont eu lieu antérieurement au 1.er Janvier 1771, feroient, à compter dudit jour 15 août 1780, acquittés entre les mains dudit fieur Darras, en la manière & dans les formes établies pour la perception dudit droit. D'après le compte que nous nous fommes fait rendre, en notre Confeil, de la fituation de ladite Caiffe des Amortiffemens, de l'Édit de décembre 1764, & de ce qui refte à faire pour en parachever les Exercices jufques & compris celui de l'année 1775, nous avons reconnu que les différentes difpofitions ci-deffus de notre Déclaration du 30 juillet 1775, & de notredit arrêt dudit jour 25 juillet dernier, relatives, foit au Dixième d'amortiffement attribué à la Caiffe des Arrérages, à compter de l'année 1776, foit à la fuite du droit de Mutation reftant encore dû fur des fucceffions ouvertes antérieurement au 1.er Janvier 1771, ne fuffifoient pas pour opérer l'entière confommation des opérations réfultantes de l'Édit de décembre 1764: Nous avons remarqué qu'il reftoit encore à ftatuer fur différens objets de recette, appartenans auxdits anciens Exercices de la Caiffe des Amortiffemens; jufqu'au 31 décembre 1775; lefquels objets confiftent en rôles de Dixième d'amortiffement, arrêtés en notre Confeil, & non encore acquittés à ladite Caiffe par différens comptables; & à prononcer encore fur un grand nombre d'objets de dépenfe, dépendans des mêmes Exercices antérieurs audit jour 31 décembre; confiftant lefdits objets de dépenfe, en principaux de Contrats ou Quittances de finance, & en capitaux d'Effets au porteur, dont les propriétaires ne fe font pas encore préfentés pour en recevoir le remboursement; defquels montent enfemble à la fomme de *Huit cens deux mille cent quatre-vingt-sept livres quatorze sous un denier*, & restent encore à acquitter, soit en exécution dudit Édit de décembre 1764, & comme étant échus en remboursement par les tirages de Loterie faits ès mois de Janvier de chacune des années 1766, 1767 & 1768, & indiqués par les listes desdits tirages, ou désignés remboursables pour l'année 1769, par les Lettres patentes du 7 février de ladite année, d'après la suppression desdits tirages, ordonnée par la Déclaration du 29 novembre 1767, soit aux termes des arrêts concernant le remboursement des Reconnoissances du Canada, de propriété Britannique, rendus les 11 février 1770, 31 août 1771, 2 février, 17 mai 1772 & 7 mai 1773, suivant la liste du tirage desdites Reconnoissances, fait le 24 mars 1772, le tout validé par notre Déclaration du 24 septembre 1778. Nous nous sommes fait représenter en notre Conseil la Déclaration du 18 mai 1767, portant règlement sur la comptabilité de ladite Caisse des Amortissemens, par l'article XVIII de laquelle il a été ordonné que les fonds versés en ladite Caisse, & destinés aux remboursemens annuellement ordonnés, qui n'auroient point été employés auxdits remboursemens, à défaut par les propriétaires des rentes & porteurs d'effets échus en remboursemens, de s'être présentés pour les recevoir, resteroient entre les mains du Trésorier de ladite Caisse, pour effectuer lesdits remboursemens lorsqu'ils seroient demandés; à l'effet de quoi si, lors de la reddition des comptes de chaque Exercice, il se trouvoit encore des remboursemens à faire, les sommes auxquelles ils monteroient seroient reprises par ledit Trésorier qui s'en chargeroit en recette dans le compte de l'Exercice suivant, pour en compter à la décharge des remboursemens restans à faire de l'Exercice précédent : Et nous étant encore fait représenter les Lettres patentes du 9 février 1772, qui ont définitivement porté le délai pour la présentation des comptes de ladite Caisse à six ans après chaque Exercice révolu, Nous avons reconnu que les dispositions ci-dessus de ladite Déclaration & desdites Lettres, ont été exactement exécutées; que, conformément à ladite Déclaration, les fonds destinés aux objets restans à rembourser, sont demeurés entre les mains dudit Trésorier, & ont été par lui portés de compte en compte, jusques & compris celui de son Exercice 1775 ; à l'époque duquel ledit

Tréforier n'ayant plus d'Exercice à ouvrir , a verfé lefdits fonds en notre Tréfor royal, comme parties non réclamées , & ce, dans les fix ans fixés par lefdites Lettres , & même dix-huit mois avant l'expiration dudit délai. Et voulant définitivement ftatuer fur lefdits rembourfemens reftans à faire, ainfi que fur les rôles reftans encore à recouvrer , Nous avons jugé néceffaire d'en conftater le nombre & la quotité; & fur le tout réfolu de fubroger le fieur Darras , Tréforier de la Caiffe des Arrérages , au Tréforier de la Caiffe des Amortiffemens , tant en ce qui concerne la fuite des rôles expédiés , ou qui pourroient l'être par la fuite fi le cas y échet , fur les anciens Exercices de ladite Caiffe jufques & compris l'année 1775 , qu'en ce qui a rapport à l'acquittement defdites parties reftantes à rembourfer fur lefdits anciens Exercices , des fonds qui lui en feront faits par le Tréfor royal; à l'effet de quoi il a été dreffé & arrêté en notre Confeil deux états ci-attachés fous le contre-fcel des préfentes , l'un contenant par Exercices les rôles de Dixième d'amortiffement expédiés , reftans encore à recouvrer ; & l'autre toutes les parties reftantes à rembourfer, en exécution des Édit , Déclarations , Arrêts & tirages ci-deffus ; lefquelles parties font diftribuées dans ledit état, par Exercices, Claffes, Natures, Numéros & Sommes , avec les indications néceffaires relatives aux coupons d'intérêts dont chaque effet devra être revêtu lors de fa préfenta-tion au rembourfement, & à la portion d'intérêts intermédiaires accordés par les arrêts des 25 février 1770 , 28 février 1771 & 13 février 1772 , qui devra être attribuée à chaque partie pour raifon des différentes fufpenfions de rembourfement ordonnées par lefdits arrêts ; lefquels intérêts nous ordonnerons par ces préfentes être payés , par ledit fieur Darras , aux propriétaires des contrats & porteurs d'effets, lorfqu'ils fe préfenteront pour le rembourfe-ment , conformément à ce qui a été fuivi jufqu'à ce jour par la Caiffe des amortiffemens. Nous ordonnerons auffi la retenue de la valeur des Coupons d'intérêts qui pourront fe trouver manquer aux Effets au porteur , lors de leur préfentation au rembourfement , & l'acquittement des mêmes Coupons lorfqu'ils feront rapportés , & nous prefcrirons les formes dans lefquelles ledit fieur Darras devra compter defdits objets. C'eft d'après ces fages précautions , après avoir réveillé de la manière la plus authentique l'attention de nos Sujets fur des objets trop long-temps négligés, que ceux des créanciers de notre État qui ont des remboursemens à réclamer en vertu de l'Édit de décembre 1764, n'auront à s'en prendre qu'à eux-mêmes des pertes d'intérêts qu'aura entraîné l'oifiveté de leurs fonds depuis les époques indiquées pour leurs remboursemens. Nous opérerons encore par ces préfentes la nullité de onze rôles de Dixième & de Quinzième d'amortiffement qui ont été arrêtés en notre Conseil, fur les anciens exercices de ladite Caiffe des Amortiffemens, & mal-à-propos expédiés, tant fur des objets déjà employés dans d'autres rôles précédemment formés, que fur d'autres objets fupprimés par nos Édits des mois d'octobre 1771 & mars 1772, & dont le Dixième a été retranché de nos états, à compter de l'année 1766. Ayant encore été inftruits qu'il reftoit à acquitter à ladite Caiffe des Amortiffemens, dix délégations, montantes enfemble à la fomme de *Huit cents cinquante-fept livres quatorze fous quatre deniers*; lefquelles ont été faites au profit du Tréforier de ladite Caiffe, pour raifon du droit de Mutation à percevoir pendant les Exercices 1768, 1771, 1772, 1773, 1774 & 1775, fuivant la faculté qui a été accordée par l'article XXVI dudit Édit de décembre 1764, aux particuliers, d'acquitter ledit droit en délégations fur les arrérages de la Rente qui l'auroit caufé; lefquelles délégations le Tréforier de la Caiffe des Amortiffemens, a portées dans fes états au vrai & comptes précédemment arrêtés & jugés fur lefdits Exercices, comme ayant été par lui recouvrées, & du montant defquelles il a fait l'avance de fes propres deniers, pour fe mettre à portée d'en compter, fauf à fe remplir de ces avances lorfque les particuliers fe préfenteroient aux Payeurs, & que lefdits Payeurs verferoient entre fes mains le montant defdites délégations. Nous nous fommes déterminés à ordonner par ces préfentes, qu'il feroit par ledit Tréforier, fait reprife libellée de ladite fomme de *Huit cents cinquante-fept livres quatorze fous quatre deniers*, dans fes états au vrai & compte à arrêter & juger fur fon Exercice 1775, pour fe remplir defdites avances. Nous ordonnerons encore, que lefdites dix délégations, dont il a été dreffé un état ci-annexé, feront remifes par ledit Tréforier audit fieur Darras, pour en fuivre le recouvrement, lequel en donnera décharge audit Tréforier, au pied dudit état, & fe chargera en recette du montant defdites délégations dans fes comptes, fauf à lui à faire reprife de celles qui n'auront point été acquittées à l'époque de chacun defdits comptes : Et enfin nous validerons la reftitution faite par le Tréforier de la Caiffe des Amortiffemens, en vertu d'une ordonnance d'un des Contrôleurs généraux de nos finances, d'un droit de Mutation qui avoit été acquitté par double emploi à ladite Caiffe, pendant l'Exercice 1775 ; & fur laquelle reftitution ledit Tréforier nous a fait fupplier de vouloir bien lui accorder nos Lettres de Validation, conformément à ce qui a été par nous pratiqué par chaque année de fa comptabilité fur cette nature de dépenfe. A quoi ayant égard, & voulant fur tout ce que deffus faire connoître nos intentions : A CES CAUSES, & autres à ce nous mouvant, de l'avis de notre Confeil, & de notre certaine fcience, pleine puiffance & autorité royale, Nous avons par ces préfentes fignées de notre main, dit, déclaré & ordonné; difons, déclarons & ordonnons, voulons & nous plait ce qui fuit:

ARTICLE PREMIER.

APPROUVONS, confirmons & validons l'arrêt de notre Confeil du 25 juillet dernier, dont l'expédition eft ci-attachée fous le contre-fcel de notre Chancellerie, qui a ordonné que l'exécution de l'article XXIV de l'Édit du mois de décembre 1764, portant établiffement d'un droit de Mutation fur les Rentes défignées audit article, feroit à l'avenir & à compter du 15 Août 1780, fuivie par le fieur Darras, Tréforier de la Caiffe des Arrérages, déjà chargé par notre Déclaration du 30 juillet 1775, de la fuite de l'exécution des articles XXXI & XXXIV du même Édit ; Voulons en conféquence, que les droits de Mutation qui reftent encore dûs pour raifon des mutations qui ont eu lieu antérieurement au 1.er Janvier 1771, foient, à compter dudit jour 15 Août 1780, acquittés entre les mains du fieur Darras. N'entendons rien changer aux formes établies pour la perception dudit droit ; feront les quittances délivrées par ledit Tréforier fur papier fimple, & enregiftrées au contrôle de la Caiffe des Arrérages par le Contrôleur de ladite Caiffe, lequel fera mention dudit contrôle au dos d'icelles, en la manière accoutumée ; & fera par ledit fieur Darras fait mention du payement de chaque

droit de Mutation, sur le titre primitif de la Rente qui l'aura
causé; le tout conformément à ce qui a été pratiqué jusqu'à présent
à la Caisse des Amortissemens de l'Édit du mois de décembre
1764, relativement audit droit. Voulons que ledit Trésorier compte
des recettes provenant dudit droit, dans ses états au vrai & comptes,
par un chapitre distinct & séparé, sur les ampliations des quittances
qu'il aura délivrées en la forme ci-dessus prescrite; & en se renfermant sur le tout dans les dispositions des Édits, Déclarations
& Lettres patentes ci-devant rendus sur le fait de sa comptabilité.

I I.

LES rôles de Dixième d'amortissement, ou autres arrêtés en
notre Conseil en exécution de l'Édit de décembre 1764, sur
quelques-uns des anciens Exercices de la Caisse des Amortissemens,
qui n'ont pas encore été acquittés à ladite Caisse, & desquels
Nous avons fait dresser & arrêter en notredit Conseil un état ci-
attaché sous le contre-scel des présentes, seront par le Trésorier
de ladite Caisse des Amortissemens remis au sieur Darras, pour en
suivre le recouvrement, sur la décharge qu'il lui en donnera au
pied dudit état : Voulons même que les rôles qui pourroient être
par la suite arrêtés, s'il y a lieu, sur aucuns desdits anciens exercices,
soient expédiés au nom dudit sieur Darras; l'autorisons à en faire
la recette, ainsi que de ceux ci-dessus, tant en exécution dudit
Édit de décembre 1764, qu'en vertu des présentes; & à compter
desdits recouvremens en notre Conseil & en notre Chambre des
Comptes, tant sur lesdits rôles que sur les ampliations des quittances
comptables dûement contrôlées qu'il aura délivrées sur iceux.

I I I.

TOUTES les parties restantes à rembourser au 15 Août 1780,
par la Caisse des Amortissemens, consistant en principaux de
Contrats ou Quittances de finance, & en capitaux d'Effets au
porteur, remboursables, soit en exécution de l'Édit de décembre
1764, & suivant les listes de tirages de Loterie, faits ès mois de
janvier de chacune des années 1766, 1767 & 1768, ou désignés
remboursables pour l'année 1769, par les Lettres patentes du
7 février de ladite année, d'après la suppression des tirages, ordonnée par la Déclaration du 29 novembre 1767, soit aux termes
des arrêts concernant le remboursement des Reconnoissances du
Canada,

Canada, de propriété Britannique, rendus les 15 février 1770, 31 août 1771, 2 février, 17 mai 1772 & 7 mai 1773, suivant la liste du tirage desdites Reconnoissances, fait le 24 mars 1772 ; le tout validé par notre Déclaration du 24 septembre 1778, montant ensemble toutes lesdites parties à la somme de *Huit cents deux mille cent quatre-vingt-sept livres quatorze sous un denier*, seront, à compter dudit jour 15 Août 1780, payées & acquittées à notre décharge, par le sieur Darras, Trésorier de la Caisse des Arrérages, aux propriétaires & porteurs desdits Contrats, Quittances de finance & Effets, à fur & à mesure qu'ils se présenteront à ladite Caisse, des fonds qui en seront faits audit sieur Darras par notre Trésor royal, comme ladite somme y ayant été dès-à-présent portée par le Trésorier de la Caisse des Amortissemens, comme parties non réclamées, & avant l'expiration des délais définitivement fixés à six ans pour sa comptablilité, par les Lettres patentes du 9 février 1772 ; desquels remboursemens restans à faire audit jour 15 Août 1780, il a été arrêté en notre Conseil, un état ci-annexé, contenant le détail de tous lesdits objets par exercices, classes, numéros & sommes, avec les indications nécessaires relatives aux Coupons d'intérêts dont chaque Effet devra être revêtu lors de sa présentation au remboursement, & à la portion d'intérêts intermédiaires accordés par les arrêts des 25 février 1770, 28 février 1771 & 13 février 1772, qui devra être attribuée à chaque partie, pour raison des différentes suspensions de remboursement, ordonnées par lesdits arrêts. Seront sur lesdits remboursemens, dressés procès-verbaux de vérification & brûlement par les Commissaires de notre Chambre des Comptes, conformément à l'article XI de la Déclaration du 21 novembre 1763 : Seront encore lesdits remboursemens portés en dépense par ledit sieur Darras, dans ses états au vrai & comptes, par chapitres distincts & séparés, & lesdites dépenses passées & allouées sans difficulté par notredite Chambre, dans lesdits comptes, tant sur lesdits procès-verbaux de brûlement qui serviront & suffiront, sur les remboursemens des Effets & Reconnoissances au porteur, que sur les titres nouvels qui ont été passés aux propriétaires de Contrats & Quittances de finance, en exécution de l'Édit de décembre 1764, avec leurs quittances sur ce suffisantes ; & les certificats du Conservateur des hypothèques, qu'il ne subsiste sur ses registres aucunes oppositions, les originaux ou duplicata déchargés du contrôle des quittances de finance tenant lieu de contrats; ensemble les grosses des contrats de constitution, avec certificat des mentions desdits remboursemens sur les minutes d'iceux, & autres titres de propriété de toutes lesdites parties; à l'exception néanmoins des pièces justificatives des mutations antérieures à l'année 1720, du rapport desquelles les propriétaires ont été déchargés par l'article VI de la Déclaration du 21 juin 1765; le tout conformément à la Déclaration du 18 mai 1767, portant règlement sur la comptabilité de la Caisse des Amortissemens; en se renfermant au surplus ledit sieur Darras, dans les formes ordinaires de sa comptabilité, en ce qui ne sera pas contraire aux présentes.

I V.

LES intérêts pour raison des suspensions de remboursement, ordonnées par les arrêts des 25 février 1770, 28 février 1771 & 13 février 1772, accordés par lesdits arrêts aux propriétaires & porteurs de Contrats ou Quittances de finance, & d'Effets qui restoient à rembourser en exécution de l'Édit de décembre 1764, audit jour 25 février 1770, & dont les principaux & capitaux montent ensemble, à ce jour, à la somme de *Sept cents quatre-vingt-seize mille cent quatre-vingt-sept livres quatorze sous un denier,* faisant avec celle de *Six mille livres* pour capitaux d'Effets du Canada, de propriété Britannique, auxquels il n'est point attribué d'intérêts, celle de *Huit cents deux mille cent quatre-vingt-sept livres quatorze sous un denier,* mentionnée en l'article précédent, seront payés par ledit sieur Darras auxdits propriétaires & porteurs, avec leurs remboursemens, sur les quittances particulières, & sur papier simple, qu'ils en donneront dans les formes qui ont été jusqu'à ce jour suivies par le Trésorier de la Caisse des Amortissemens, & dans les proportions établies audit état ci-annexé, lequel contient le détail desdits intérêts, avec la distinction des parties sujettes ou non sujettes au Dixième. Voulons, conformément à ce qui a été pratiqué par ledit Trésorier de la Caisse des Amortissemens, que les dépenses qui seront faites par ledit sieur Darras pour lesdits intérêts, soient portées par Exercices fur un regiftre diftinct & féparé des autres dépenfes de la Caiffe des Arrérages, pour, par lui compter defdits intérêts en notre Chambre des Comptes, de la manière & ainfi que nous nous réfervons de prefcrire, tant fur lefdits intérêts reftans à acquitter, & qui le feront en vertu des préfentes, que fur ceux déjà acquittés par ledit Tréforier de la Caiffe des Amortiffemens, depuis le 1.er Mars 1770 jufqu'au 15 Août 1780, en exécution defdits arrêts.

V.

Si lors de leur préfentation au rembourfement, aucuns defdits Effets au porteur ci-deffus, ne fe trouvent point garnis des Coupons d'intérêts néceffaires, conformément aux indications portées audit état ci-annexé, ledit fieur Darras fera fur ledit rembourfement la retenue de la valeur des Coupons qui fe trouveront manquer auxdits Effets; voulons qu'il foit par lui fait recette du montant defdites retenues dans fes états au vrai & comptes, au moyen de laquelle recette la dépenfe du montant defdits Effets rembourfés, fera paffée en plein dans lefdits états & comptes; & fi après le rembourfement defdits Effets, aucuns defdits Coupons qui fe feront trouvés manquer, & dont ledit fieur Darras aura fait la retenue, lui font rapportés & repréfentés, voulons qu'ils foient par lui acquittés aux porteurs, & que la dépenfe en foit paffée & allouée fur les procès-verbaux de vérification & brûlement defdits Coupons, qui feront dreffés à cet effet en la manière accoutumée; le tout conformément aux articles X & XVI de la Déclaration du 18 mai 1767, concernant la comptabilité de la Caiffe des Amortiffemens, de l'Édit du mois de décembre 1764.

V I.

Les onze rôles qui avoient été arrêtés en notre Confeil, & envoyés au Tréforier de la Caiffe des Amortiffemens pour en fuivre le recouvrement, le premier defquels, arrêté le 26 novembre 1776, à la fomme de *Cent fept livres treize fous huit deniers*, pour la perception du Dixième d'amortiffement de l'année 1768, des gages, augmentations de gages, & droits des Officiers de notre Chambre des Comptes du comté de Bourgogne, féante à Dôle: Quatre autres defdits rôles pour le Quinzième des arrérages des rentes perpétuelles fur les Aides & Gabelles, appartenantes à gens de main-morte ; l'un arrêté le 16 juillet 1771, à la somme de *Quatre-vingt-cinq livres cinq sous deux deniers* pour l'année 1767 ; autre arrêté le 24 décembre suivant, à la somme de *Deux livres deux deniers* pour ladite année 1767 ; autre arrêté ledit jour 24 décembre 1771, à pareille somme de *Deux livres deux deniers* pour l'année 1768 ; & autre arrêté le 22 juin 1773, à la somme de *Six livres treize sous quatre deniers* pour ladite année 1768. Et six autres des mêmes rôles, l'un arrêté le 21 juillet 1772, à la somme de *Trois cents quatre-vingt-dix livres* pour le Dixième de l'année 1766, des gages & taxations des Payeurs & Contrôleurs des rentes de la ville d'Avignon ; autre arrêté le 29 septembre suivant, à la somme de *Vingt-une livres neuf sous quatre deniers* pour supplément du même Dixième ; autre arrêté le 2 février 1773, à la somme de *Trois cents quatre-vingt-dix livres* pour le même Dixième de l'année 1767 ; autre arrêté le 12 novembre 1771, à la somme de *Trois mille neuf cents quatre-vingt-quatorze livres dix-sept sous* pour le Dixième de l'année 1769, des gages & autres droits des Officiers de la Chancellerie établie près le Parlement de Bordeaux ; autre arrêté le 24 décembre 1771, à la somme de *Deux mille huit cents huit livres quatre deniers* pour le Dixième des gages des Officiers de la Chancellerie établie près la Cour des Aides de Bordeaux ; & le dernier arrêté le 26 novembre 1776, à la somme de *Cent sept livres treize sous huit deniers* pour le Dixième des gages, augmentations de gages & autres droits desdits Officiers de la Chambre des Comptes du comté de Bourgogne, séante à Dôle, seront & demeureront nuls, sans effet & comme non avenus, comme lesdits rôles ayant été mal-à-propos expédiés & arrêtés en notre Conseil ; les cinq premiers d'iceux, comme formant double emploi avec des objets déjà portés dans d'autres rôles précédemment formés ; & les six autres, comme les objets qui les ont causés, ayant été supprimés par les Édits des mois d'octobre 1771 & mars 1772, & comme le Dixième desdits objets ayant été retranché de nos états en vertu desdits Édits, avec effet rétroactif au 1.er janvier 1766, Déchargeons le Trésorier de ladite Caisse des Amortissemens d'en compter ; dérogeant à cet égard à la Déclaration du 18 mai 1767, concernant sa comptabilité, qui sera au surplus exécutée en ce qui ne fera pas contraire aux difpofitions de notre préfente Déclaration.

V I I.

Les dix délégations qui ont été faites au Tréforier de la Caiffe des Amortiffemens, pour raifon de droits de Mutation fur différens Exercices, reftantes à acquitter à ladite Caiffe par divers particuliers, & du montant defquelles il a fait l'avance de fes deniers, pour fe mettre à portée d'en compter, & dont l'état eft ci-annexé, feront par lui portées en reprifes libellées dans fes états au vrai & comptes qui reftent à arrêter & juger fur fon Exercice 1775, pour fe remplir defdites avances : Voulons que lefdites dix délégations foient, par ledit Tréforier, remifes au fieur Darras pour en fuivre le recouvrement, lequel fe chargera en recette du montant defdites délégations dans fes comptes, fauf à lui à faire reprife de celles qui n'auroient point été acquittées à l'époque de chacun defdits comptes ; lefdites dix délégations montantes enfemble à la fomme de *Huit cents cinquante-fept livres quatorze fous quatre deniers ;* favoir, une délégation faite pendant l'Exercice 1768, le 13 feptembre audit an, fous l'article 1817, par François Merlin, de la fomme de *Quarante-deux livres quatorze fous fix deniers* pour arrérages de l'année 1769, d'intérêts fur la Recette générale des finances d'Amiens ; de laquelle partie ledit fieur Darras eft lui-même payeur ; deux délégations faites pendant l'Exercice 1771, l'une le 2 août audit an, fous l'article 1640, par Alexandre Carpentier, comme Procureur de Jean-Pierre Leroux, de la fomme de *Soixante-douze livres* pour arrérages de l'année 1768, d'intérêts fur la Recette générale des finances de Poitiers ; autre faite le 29 octobre 1771, fous l'article 2200, par Pierre-François Hebert, de la fomme de *Vingt livres dix fous fix deniers* pour arrérages de l'année 1769, d'une rente fur les Tailles de la généralité de Touloufe ; defquelles deux parties ledit fieur Darras eft également payeur : Deux autres délégations faites pendant l'Exercice 1772, l'une le 8 février audit an, fous l'article 137, par Antoine Vincenti, de la fomme de *Cinquante-huit livres fept fous dix deniers* pour arrérages de l'année 1770, d'intérêts fur la Recette générale des finances de Paris, dont ledit fieur Darras eft auffi payeur ; autre faite le 1.er octobre 1772 ;

fous l'article 889, par François Renard, comme Procureur de Marie-Nicole Boutriville, veuve de Francois Lemaire, de la fomme de *Cinquante-une livres* pour arrérages de l'année 1770, d'une rente fur les Aides & Gabelles, créée par Édit de juin 1720, dont le fieur Maſſon eſt payeur; une autre délégation faite pendant l'Exercice 1773, le 27 feptembre audit an, fous l'article 578, par Antoine-Théophile Collier de Lamarlière, de la fomme de *Trois cents quatre-vingt-feize livres treize fous quatre deniers* pour arrérages de l'année 1773, d'une partie de rente fur les Aides & Gabelles, dont le fieur Penchein eſt payeur: Deux autres délégations faites pendant l'Exercice 1774, l'une le 16 mars audit an, fous l'article 93, par Claude Lemire, de la fomme de *Huit livres cinq fous huit deniers* pour arrérages de l'année 1771, d'une rente fur les Aides & Gabelles, créée par Édit de juin 1720; autre faite le 23 mars 1774, fous l'article 122, par Antoine-Louis Gorjon de Verville, de la fomme de *Cent quatre-vingt-fix livres treize fous quatre deniers* pour arrérages de l'année 1772, d'une même rente fur lefdites Aides & Gabelles, defquelles deux parties le fieur Boſcheron eſt payeur: Et deux autres délégations faites pendant l'Exercice 1775, l'une le 25 octobre audit an, fous l'article 328, par Nicolas Vandé, comme Procureur de Pierre-Louis, comte de Sailly, & d'Émilie-Marie-Thérèfe Oudan fon époufe, de la fomme de *Douze livres huit fous dix deniers* pour arrérages de ladite année 1775, d'une partie de rente fur les Tailles de la généralité de Metz; & la dernière faite le 24 février de l'année 1776 (pendant laquelle année & les fuivantes le Tréforier de la Caiſſe des Amortiſſemens n'ayant plus d'Exercices à ouvrir, a continué d'infpecter les recettes du droit de Mutation fur l'année 1775) fous l'article 400, par Marguerite Agnas, veuve de Jean Cayeux, comme procuratrice de Jean Lefueur de la Bretonnie, de la fomme de *Neuf livres quatre deniers* pour arrérages de l'année 1774, d'intérêts fur la Recette générale des finances de Rouen; defquelles deux dernières délégations ledit. fieur Darras eſt auſſi payeur: Revenant enfemble lefdites fommes à celle fufdite de *Huit cents cinquante-fept livres quatorze fous quatre deniers.* Voulons que ledit chapitre de reprifes libellées, foit alloué & paſſé fans difficulté par notre Chambre

15

des Comptes, dans le compte de l'Exercice 1775 dudit Tréforier de la Caiffe des Amortiffemens; & que la recette du montant defdites délégations, foit également admife, & les reprifes de celles qui n'auront point été acquittées, paffées dans les comptes dudit fieur Darras, en vertu des préfentes.

<h3 style="text-align:center">V I I I.</h3>

Approuvons, confirmons & validons enfin la reftitution faite par le Tréforier de ladite Caiffe des Amortiffemens, de la fomme de *Six livres dix-huit fous onze deniers*, qui a été mal-à-propos acquittée à ladite Caiffe par le denommé en la quittance délivrée par ledit Tréforier le 6 décembre 1775, fous l'article 353, pour raifon d'un droit de Mutation d'une partie de rente de pareille fomme à prendre en *Vingt-fept livres quinze fous fept deniers*, faifant partie de *Deux cents cinquante livres* de rente au denier Quarante, au principal de *Dix mille livres*, conftituée le 24 avril 1721, fur les Aides & Gabelles, en exécution de l'Édit de juin 1720; ladite fomme de *Six livres dix-huit fous onze deniers*, reftituée en vertu de l'ordonnance d'un des Contrôleurs généraux de nos finances, du 30 mars 1776, fuivant quittance donnée le 11 avril audit an, en marge de celle ci-deffus dudit Tréforier, à lui rapportée, comme ladite fomme formant double emploi, & ayant déjà été acquittée le 14 janvier 1772, fuivant la quittance délivrée ledit jour par ledit Tréforier, fous l'article 37. Voulons que la dépenfe de ladite reftitution, foit paffée fans difficulté par notre Chambre des Comptes, dans le compte de l'Exercice 1775 dudit Tréforier, fur ladite ordonnance dudit fieur Contrôleur général des finances, du 30 mars 1776, fur ladite quittance de reftitution, donnée le 11 avril audit an, en marge de celle du Tréforier du 6 décembre 1775, & fur l'ampliation tirée des regiftres du Contrôle de ladite Caiffe, de celle délivrée par ledit Tréforier le 14 janvier 1772, contenant le premier payement dudit droit de Mutation, lequel a néceffité la reftitution validée par ces préfentes : Validons encore, en tant que de befoin, l'ordonnance du fieur Contrôleur général, & la quittance de reftitution ci-deffus. Si donnons en mandement à nos amés & féaux Confeillers les Gens tenant notre Chambre des Comptes à Paris, que ces préfentes ils aient à faire lire, publier & regiftrer;

& le contenu en icelles garder, obferver & exécuter felon leur forme & teneur, nonobftant tous Édits, Déclarations, Ordonnances, Arrêts & Règlemens, & autres chofes à ce contraires, auxquels nous avons dérogé & dérogeons par ces préfentes; aux copies defquelles, collationnées par l'un de nos amés & féaux Confeillers-Secrétaires, voulons que foi foit ajoutée comme à l'original: CAR TEL EST NOTRE PLAISIR; en témoin de quoi nous avons fait mettre notre fcel à cefdites préfentes. DONNÉ à Verfailles le dixième jour du mois d'août, l'an de grâce mil fept cent quatre-vingt, & de notre règne le feptième. *Signé* LOUIS: *Et plus bas*, Par le Roi. *Signé* AMELOT. Vu au Confeil, PHELYPEAUX. Et fcellée du grand fceau de cire jaune.

Regiftrée en la Chambre des Comptes, ouï & ce requérant le Procureur général du Roi, pour être exécutée felon fa forme & teneur. Les Semeftres affemblés, le feize feptembre mil fept cent quatre-vingt. Signé HENRI.

CAISSE DES AMORTISSEMENS de 1764.

*É*TAT *des Rôles de Dixième d'Amortiſſement, arrêtés au Conſeil en exécution de l'Édit du mois de décembre 1764, leſquels reſtent à acquitter au 15 Août 1780, & dont le ſieur DARRAS, Tréſorier de la Caiſſe des Arrérages, eſt chargé de ſuivre le recouvrement, à compter dudit jour, en exécution de l'article II de la Déclaration du Roi de ce jour.*

SAVOIR :

NOMBRE & DATES DES RÔLES.	EXERCICES ſur leſquels portent LES RÔLES.	DÉSIGNATIONS DES OBJETS qui ont cauſé leſdits Rôles.	MONTANT des RÔLES.
1 du 28 Mai 1776..	... 1766..	CHARGES employées dans l'État des gages des Officiers des Colleges & Univerſités de Languedoc.	123^{tt} 9^f 7^d
1 dudit jour.......	... 1767..	Idem..............	123. 9. 7.
1 dudit jour.......	... 1768..	Idem..............	123. 9. 7.
1 dudit jour.......	... 1769..	Idem..............	123. 9. 7.
1 du 20 Janvier 1778.	... 1771..	EXTINCTIONS ou ⅔ des Arrérages éteints au profit de la Caiſſe des Amortiſſemens.............	295. 9. 8.
5 RÔLES.	TOTAL............		789. 8. ″

FAIT & arrêté au Conſeil d'État du Roi, tenu à Verſailles le dix août mil ſept cent quatre-vingt. *Signé* AMELOT.

Regiſtré en la Chambre des Comptes, ouï & ce requérant le Procureur général du Roi. Les Semeſtres aſſemblés, le ſeize ſeptembre mil ſept cent quatre-vingt. Signé HENRY.

C

ÉTAT GÉNÉRAL par exercices, par natures, numéros & sommes des Contrats & des Effets au Porteur, restans à rembourser au 15 Août 1780, par la Caisse des Amortissemens créée par l'Édit du mois de Décembre 1764, sur les Exercices 1766, 1767, 1768, 1769, 1772 & 1775.

SAVOIR:

EXERCICE 1766.

Restes de la première Liste du tirage de Loterie fait au mois de Janvier 1766.

PREMIÈRE CLASSE,

Composée des objets ci-après;

SAVOIR,

Rentes sur les Aides & Gabelles à Quatre pour cent. *Création de 1758.*
Rentes sur les Cuirs à Cinq pour cent........ *Création de 1759.*
Rentes sur les Cuirs à Trois pour cent........ *Création de 1761.*

CONTRATS À QUATRE POUR CENT,
sur les Aides & Gabelles de 1758.

NUMÉROS.	PRINCIPAUX.
882326.	4000^{tt} // //
481.	2000. // //
884600.	3200. // //
798.	2400. // //
886172.	16000. // //
887232.	1000. // //
552.	4000. // //

7.... } 32600^{tt} // //

Suite de l'*Exercice 1766*, première *Classe*.

7 . . . . Ci-contre . . . . 32600tt ttt ttd

CONTRAT À CINQ POUR CENT, sur les Cuirs de 1759.		
NUMÉRO.	PRINCIPAL.	
934331.	1375tt ttt ttd	1375. tt tt

CONTRAT À TROIS POUR CENT, sur les Cuirs de 1761.		
NUMÉRO.	PRINCIPAL.	
930689.	1200tt ttt ttd	1200. tt tt
	TOTAL de la première Classe	35175. tt tt

Nota. Les Contrats qui composent la première Classe ci-dessus étoient remboursables suivant la Liste du premier tirage dressée en Janvier 1768 ; savoir, ceux sur les Aides & Gabelles de 1758, celui sur les Cuirs de 1761, dans le quartier d'Octobre 1766 ; & celui sur les Cuirs de 1759, dans le quartier de Juillet, même année.

INTÉRÊTS PERDUS depuis les époques de remboursement jusqu'au dernier Février 1770.

INTÉRÊTS à CINQ POUR CENT, reprenant du 1.er Mars 1770, jusqu'au 30 Juin 1771, en vertu des Arrêts du Conseil des 25 Février 1770 & 28 Février 1771.

Seize mois à payer sur les simples quittances des Propriétaires, avec retenue du Dixième, tous ces Contrats étant exempts du droit de Mutation.

DEUXIÈME CLASSE,

Composée des objets ci-après ;

SAVOIR,

Rentes sur les Aides & Gabelles . . . . . { Au denier 20.
{ Au-dessus du denier 20.

Rentes sur les Tailles . . . . { Au denier 20.
{ Au-dessus du denier 20.

Augmentations de Gages . . . . Au denier 20.

Suite de l'Exercice 1766, deuxième Claſſe.

CONTRATS ſur les Aides & Gabelles, Au Denier 20.

NUMÉROS.	PRINCIPAUX.
3761.	226^{tt} 13^{ſ} 4^{d}
6354.	4000. $''$ $''$
878.	500. $''$ $''$
18144.	2500. $''$ $''$
19304.	187. 10. $''$
39824.	900. $''$ $''$

6...   8314^{tt} 3^{ſ} 4^{d}

CONTRAT ſur les Aides & Gabelles, Au-deſſus du Denier 20.

NUMÉRO.	PRINCIPAL.
88599.	4662^{tt} $''$ $''$

1...   4662. $''$ $''$

CONTRATS ſur les Tailles, Au Denier 20.

NUMÉROS.	PRINCIPAUX.
133818.	1011^{tt} $''$ $''$
134132.	5337. $''$ $''$
144923.	880. $''$ $''$
951.	335. $''$ $''$
145528.	546. $''$ $''$
769.	571. $''$ $''$
147043.	220. $''$ $''$
209.	498. $''$ $''$

8...   9398. $''$ $''$

15...   22374. 3 4

Suite de l'*Exercice 1766*, deuxième Classe.

.... Ci-contre ....22374^{tt} 3^{f} 4^{d}

CONTRATS *sur les Tailles,*
Au-dessus du denier 20.

NUMÉROS.	PRINCIPAUX.	
174634.	622^{tt} ^{f} ^{d}	
181579.	770.	
192270.	2020.	
502.	905. 10.	8224. 10.
701.	490.	
193303.	2160.	
194863.	1257.	

AUGMENTATIONS DE GAGES,
Au Denier 20.

NUMÉROS.	PRINCIPAUX.	
240529.	1100.	
241826.	2571. 5.	
252272.	1250.	5883. 5.
322.	522.	
264992.	400.	
265385.	40.	

TOTAL de la Deuxième Classe....	36481. 18. 4

Nota. Les Contrats qui composent la seconde Classe ci-dessus étoient remboursables suivant la Liste du premier Tirage, dressée en Janvier 1766; savoir, ceux sur les Aides & Gabelles de 1720, ceux sur les Tailles, dans le quartier de Juillet 1766; & ceux sur les Augmentations de Gages, dans le quartier de Janvier 1767.

INTÉRÊTS PERDUS depuis les époques de remboursemens jusqu'au dernier Février 1770.

INTÉRÊTS à CINQ POUR CENT, reprenant du 1.er Mars 1770 jusqu'au 30 Juin 1771; en vertu des Arrêts du Conseil des 25 Février 1770 & 28 Février 1771.

Seize Mois à payer sur les simples quittances des Propriétaires, sans retenue de Dixième; tous les Contrats étant assujettis au droit de Mutation.

TROISIÈME CLASSE,

Composée des objets ci-après:

SAVOIR,

Deux Sous pour livre du Dixième . . . . *Effets au Porteur.*

Actions des Fermes . . . . *Idem.*

Emprunt de 50 Millions . . . . *Idem.*

3.e Loterie Royale . . . . *Idem.*

4.e Loterie Royale . . . . *Idem.*

Coupons d'Annuités . . . . $\left\{\begin{array}{l}\text{de } 1760\ldots \\ \text{de } 1761\ldots \\ \text{de } 1762\ldots\end{array}\right\}$ *Idem.*

Annuités de 1757 & 1763 . . . . *Idem.*

Postes à Trois pour Cent, création de 1751 . . . *Contrats.*

Colonies . . . . *Effets au Porteur.*

DEUX SOUS POUR LIVRE DU DIXIÈME.	
Effets au Porteur.	
NUMÉROS.	CAPITAUX.
486420.	1000 ℔ Ⅱˢ Ⅱᵈ
491423.	1000. Ⅱ Ⅱ
492871.	1000. Ⅱ Ⅱ
494311.	1000. Ⅱ Ⅱ
496312.	1000. Ⅱ Ⅱ
694.	2000. Ⅰ Ⅱ
497568.	1000. Ⅱ Ⅱ
656.	1000. Ⅱ Ⅱ

8... (accolade) 9000 ℔ Ⅱˢ Ⅱᵈ

Les Effets ci-dessus doivent être garnis de six Coupons de six mois d'intérêts, dont le premier timbré 1.er *Juillet 1767.*

8...   9000. Ⅱ Ⅱ

Suite de l'*Exercice 1766, troisième Classe.*

COUPONS D'ANNUITÉS DE 1760.

Effets au Porteur.

NUMÉROS.	CAPITAUX.	
740374.	100^{tt} $''^{\text{ſ}}$ $''^{\text{d}}$	
757070.	100. $''$ $''$	
759682.	100. $''$ $''$	
765293.	100. $''$ $''$	700. $''$ $''$
775773.	100. $''$ $''$	
774.	100. $''$ $''$	
779.	100. $''$ $''$	

Les Coupons d'Annuités de 1760 ci-deſſus, doivent être garnis de quatre Coupons d'intérêts d'un an, dont le premier timbré 1.er Octobre 1767.

COUPONS D'ANNUITÉS DE 1761.

Effets au Porteur.

NUMÉROS.	CAPITAUX.	
779489.	100^{tt} $''$ $''$	
936.	100. $''$ $''$	
938.	100. $''$ $''$	
781947.	100. $''$ $''$	
785804.	100. $''$ $''$	
788679.	100. $''$ $''$	1000. $''$ $''$
791453.	100. $''$ $''$	
798890.	100. $''$ $''$	
805633.	100. $''$ $''$	
818732.	100. $''$ $''$	

Les Coupons d'Annuités de 1761 ci-deſſus, doivent être garnis de cinq Coupons d'intérêts d'un an, dont le premier timbré 1.er Octobre 1767.

20550. $''$ $''$

Suite de l'Exercice *1766, troisième Classe.*

37 . . . . *De l'autre part.* . . . . . 20550^{tt} 1^f 1^d

COUPONS D'ANNUITÉS DE 1762.
Effets au Porteur.

NUMÉROS.	CAPITAUX.	
837351.	100^{tt} 1^f 1^d	
853501.	100. 1 1	
855211.	100. 1 1	
856313.	100. 1 1	
315.	100. 1 1	900. 1 1
325.	100. 1 1	
859836.	100. 1 1	
867345.	100. 1 1	
394.	100. 1 1	

Les Coupons d'Annuités de 1762 ci-dessus, doivent être garnis de six Coupons d'intérêts d'un an, dont le premier timbré 1.er Octobre 1767.

ANNUITÉS DE 500^{tt}.
Effets au Porteur.

NUMÉROS.	CAPITAUX.	
694180.	500^{tt} 1 1	
181.	500. 1 1	
187.	500. 1 1	
695061.	500. 1 1	3500. 1 1
696872.	500. 1 1	
708633.	500. 1 1	
709457.	500. 1 1	

Les Annuités ci-dessus, doivent être garnies de neuf Coupons d'intérêts d'un an, dont le premier timbré 1.er Octobre 1767.

53 . . .   24950. 1 1

Suite de l'Exercice 1766, troisième Classe.

53. Ci-contre. . . . . 24950^{tt} ''^f ''^d

CONTRAT À TROIS POUR CENT.
Sur les Postes.

NUMÉRO.	PRINCIPAL.	
877233.	6000^{tt} ''^f ''^d	6000. '' ''

COLONIES.
Effets au Porteur.

NUMÉROS.	CAPITAUX.	
937461.	3980^{tt} 10^f ''^d	
938471.	6817. 15. 6.	
472.	6817. 15. 6.	
483.	4261. 2. 2.	33549. 7. 6.
938574.	4244. 8. 10.	
576.	4244. 8. 10.	
584.	3183. 6. 8.	

Les Effets ci-dessus, doivent être garnis de huit Coupons de six mois d'intérêts, dont le premier timbré 1.er Juillet 1767.

61. . . . . . **TOTAL de la Troisième Classe. . . . .** 64499. 7. 6.

Nota. Tous les Effets au Porteur & le Contrat sur les Postes qui composent la Troisième Classe ci-dessus, étoient remboursables suivant la Liste du premier Tirage, dressée en Janvier 1766 : savoir, les Actions des Fermes, les Effets de l'Emprunt de cinquante Millions, & les Reconnoissances de la troisième Loterie royale, dans le quartier d'Avril 1766 ; les Effets de la quatrième Loterie royale, dans le quartier de Juillet ; les Coupons d'Annuités, les Annuités & le Contrat sur les Postes, dans le quartier d'Octobre ; & les Effets sur les Deux sous pour livre & des Colonies, dans le quartier de Janvier 1767. INTÉRÊTS PERDUS depuis les époques de remboursement jusqu'au dernier Février 1770. INTÉRÊTS À CINQ POUR CENT reprenant du premier Mars 1770 jusqu'au 30 Juin 1771, en vertu des Arrêts du Conseil des 25 Février 1770 & 28 Février 1771. Seize Mois à payer sur les simples quittances des Propriétaires ; savoir, pour les Effets au Porteur, avec retenue de Dixième ; & pour le Contrat sur les Postes, sans retenue de Dixième : ce Contrat étant assujetti au droit de Mutation.

RÉCAPITULATION DES TROIS CLASSES.

CLASSES.	NOMBRE des NUMÉROS.	CAPITAUX.		
PREMIÈRE.	9.	35175^{tt} ''^f ''^d		
DEUXIÈME.	28.	36481. 18. 4.		
TROISIÈME & dernière.	61.	64499. 7. 6.		
TOTAL de l'Exercice 1766.	98.	136156. 5. 10.		

EXERCICE 1767.

RESTES de la seconde Liste du tirage de Loterie fait au mois de Janvier 1767.

PREMIÈRE CLASSE.

Composée des objets ci-après ;

SAVOIR,

Rentes sur les Aides & Gabelles à Quatre pour cent. *Création de 1758.*

Rentes sur les Cuirs à Trois pour cent . . . . } *Création de 1760.*
} *Création de 1761.*

CONTRATS À QUATRE POUR CENT, sur les Aides & Gabelles de 1758.	
NUMÉROS.	PRINCIPAUX.
882150.	2000 ^{lt} ^{ls} ^{ld}
363.	4000. $''$ $''$
883518.	4000. $''$ $''$
884766.	2400. $''$ $''$
885582.	4000. $''$ $''$
656.	6400. $''$ $''$
887662.	6000. $''$ $''$

7... 28800 ^{lt} ^{ls} ^{ld}

CONTRATS À TROIS POUR CENT, sur les Cuirs de 1760.	
NUMÉROS.	PRINCIPAUX.
917766.	600 ^{lt} $''$ $''$
919571.	600. $''$ $''$

2... 1200. $''$ $''$

9... 30000. $''$ $''$

Suite de l'*Exercice 1767*, première *Claſſe*.

9 .... *Ci-contre* .... 30000^tt ^{nſ} ^{nd}

CONTRATS à TROIS POUR CENT, ſur les Cuirs de 1761.		
N U M É R O S.	P R I N C I P A U X.	
930017.	750^tt ^{nſ} ^{nd}	3750. ^{n} ^{n}
931128.	3000. ^{n} ^{n}	
TOTAL de la Première Claſſe		33750. ^{n} ^{n}

Nota. Les Contrats qui compoſent la première Claſſe ci-deſſus étoient rembourſables ſuivant la Liſte du deuxième Tirage, dreſſée en Janvier 1767, dans le quartier de Juillet de ladite année. INTÉRÊTS PERDUS, du 1.er Juillet 1767 au dernier Février 1770; INTÉRÊTS à CINQ POUR CENT, reprenant du 1.er Mars 1770 juſqu'au 31 Juillet 1771, en vertu des Arrêts du Conſeil des 25 Février 1770 & 28 Février 1771. Dix-ſept Mois à payer ſur les ſimples quittances des Propriétaires, avec retenue de Dixième; tous ces Contrats étant exempts du droit de Mutation.

D E U X I È M E C L A S S E,

Compoſée des objets ci-après :

S A V O I R,

Rentes ſur les Aides & Gabelles .... { Au denier 2 0. / Au-deſſus du denier 2 0.

Rentes ſur les Tailles .... { Au denier 2 0. / Au-deſſus du denier 2 0.

Charges des États du Roi des Domaines .... Au-deſſus du denier 2 0.

Augmentations de Gages .... { Au denier 2 0. / Au-deſſus du denier 2 0.

CONTRATS ſur les Aides & Gabelles. Au Denier 20.	
N U M É R O S.	P R I N C I P A U X.
2228.	3170^tt 5^ſ ^{nd}
4436.	350. ^{n} ^{n}
2.	3520. 5. ^{n}

Suite de l'Exercice 1767, deuxième Classe.

Suite des CONTRATS sur les Aides & Gabelles, Au Denier 20.

NUMÉROS.	PRINCIPAUX.		
2 . . . . . . De l'autre part.	3520ᵗᵗ	5ᵈ	ⁿˢ
4447.	600.	ʋ	ʋ
9174.	5000.	ʋ	ʋ
15596.	1250.	18.	4.
16243.	412.	10.	ʋ
18209.	312.	10.	ʋ
22333.	226.	10.	ʋ
23275.	616.	5.	ʋ
27718.	2000.	ʋ	ʋ
40584.	750.	ʋ	ʋ
51001.	1000.	ʋ	ʋ

12 . . .   15688ᵗᵗ 18ˢ 4ᵈ

CONTRATS sur les Aides & Gabelles. Au-dessus du Denier 20.

NUMÉROS.	PRINCIPAUX.		
75636.	200ᵗᵗ	ʋ	ʋ
77970.	1333.	ʋ	ʋ
78161.	218.	15.	ʋ
89649.	2125.	ʋ	ʋ
95754.	2600.	ʋ	ʋ
102738.	9750.	ʋ	ʋ
103690.	3000.	ʋ	ʋ
104169.	3800.	ʋ	ʋ
106007.	1200.	ʋ	ʋ
805.	750.	ʋ	ʋ
112467.	447.	6.	8.
115586.	2170.	ʋ	ʋ
117756.	6000.	ʋ	ʋ
118734.	360.	ʋ	ʋ
129880.	2200.	ʋ	ʋ
131277.	4000.	ʋ	ʋ

16 . . .   40154. 1. 8

28 . . .   55843.

Suite de l'*Exercice 1767*, *deuxième Classe.*

28 . . . . Ci-contre . . . . 55843 # // // //

CONTRATS *sur les Tailles.*
Au Denier 20.

NUMÉROS.	PRINCIPAUX.
132652.	963 # // //
133815.	3688. // //
134713.	2306. // //
135251.	5549. 16. 8
136101.	220. // //
243.	326. 10. //
264.	400. // //
988.	1084. // //
137497.	368. // //
609.	275. // //
856.	312. 6. 8.
145299.	800. // //
623.	293. 5. //
147270.	968. // //
673.	204. // //
148495.	704. 10. //
156286.	5760. // //

24222. 8. 4

CONTRATS *sur les Tailles.*
Au-dessus du Denier 20.

NUMÉROS.	PRINCIPAUX.
168107.	1303 # // //
169810.	9602. // //
170675.	800. // //
171355.	1914. // //
519.	902. // //
173150.	1730. // //
6.	16251. // //

80061. 8. 4

Suite de l'*Exercice 1767*, deuxième *Classe*.

45 . . . . *De l'autre part* . . . . . 80065^{tt} 8^s 4^d

Suite des CONTRATS *sur les Tailles.*
Au-dessus du Denier 20.

NUMÉROS.	PRINCIPAUX.
6 . . . . . *De l'autre part.* 16251^{tt} ^{ns} nd	
175057.	405. 13. 4.
240.	1066. 6. 8.
432.	5500. // //
581.	1276. // //
177074.	800. // //
182214.	800. // //
183775.	497. 13. 4.
184364.	578. // //
192715.	472. 13. 4.
194123.	336. // //
197212.	2525. // //
266.	1918. // //
490.	1348. 6. 8.

39 . . .　　　　　　　　　　33774. 13. 4

CHARGES *des États du Roi des Domaines.*
Au-dessus du Denier 20.

NUMÉRO.	PRINCIPAL.
1 . . . 216035.	84000^{tt} // //　　84000. //

65 . . . . 197840. 1. 8

AUGMENTATIONS

Suite de l'*Exercice 1767*, *deuxième Classe*.

65.......................... Ci-contre......... 197840^{tt} 1^{s} 8^{d}

AUGMENTATIONS DE GAGES.
Au Denier 20.

NUMÉROS.	PRINCIPAUX.
240483.	130^{tt} u^{s} u^{d}
242422.	200. // //
438.	1890. // //
562.	317. 13. 4.
708.	300. // //
243472.	6153. 1. 8.
252136.	357. // //
143.	960. // //
299.	1200. // //
336.	100. // //
399.	24000. // //
264836.	100. // //
265104.	847. 4. //

13... 36554. 19. //

AUGMENTATIONS DE GAGES.
Au-dessus du Denier 20.

NUMÉROS.	PRINCIPAUX.
360755.	800. // //
384037.	480. // //

2.... 1280. // //

80... | TOTAL de la Deuxième Classe.... | 235675. // 8.

Nota. Les Contrats qui composent la deuxième Classe ci-dessus étoient remboursables suivant la Liste du deuxième Tirage, dressée en Janvier 1767; savoir, ceux sur les Aides & Gabelles de 1720, dans le quartier d'Avril 1767; & les autres dans le quartier de Juillet de la même année.

INTÉRÊTS PERDUS depuis les époques de remboursement jusqu'au dernier Février 1770.

INTÉRÊTS à CINQ POUR CENT, reprenant du 1.er Mars 1770, jusqu'au 31 Juillet 1771, en vertu des Arrêts du Conseil des 25 Février 1770 & 28 Février 1771.

Dix-sept Mois à payer sur les simples quittances des Propriétaires, sans retenue du Dixième; tous ces Contrats étant assujettis au droit de Mutation.

E

TROISIÈME CLASSE,

Compofée des objets ci-après :

SAVOIR,

Deux Sous pour livre du Dixième, *création de 1756*.. Effets au Porteur.

Emprunt de 50 Millions, *création de 1760 & 1763*.. Idem.

4.ᵉ Loterie Royale, *création de 1757*............ Idem.

Coupons d'Annuités............ { de 1760... } { de 1761... } Idem. { de 1762... }

Annuités, *création de 1757 & 1763*........... Idem.

Poftes à Trois pour Cent, *création de 1751*......... Contrats.

Reconnoiffances en échange des Lettres de change des } Effets au Porteur. Colonies.................

Emprunt d'Alface du 16 Mars 1760............ Idem.

Reconnoiffances des Dettes de la Guerre, Marine & } Idem. Colonies.................

Reconnoiffances du Canada............. Idem.

DEUX SOUS POUR LIVRE DU DIXIÈME.	
Effet au Porteur.	
NUMÉRO.	CAPITAL.
497191.	1000 ₶ " ˢ " ᵈ

L'Effet ci-deffus doit être garni de cinq Coupons d'intérêts de fix mois, dont le premier timbré, 1.ᵉʳ *Janvier 1768*.

Suite de l'*Exercice 1767, troisième Classe.*

.... *Ci-contre* .... 1000 ͭͭ ͬͤ

EMPRUNT DE 50 MILLIONS. Effets au Porteur.		
NUMÉROS.	CAPITAUX.	
575529.	700 ͭͭ ͬͤ ͬͩ	
582644.	650. ͬͤ ͬͩ	
585189.	700. ͬͤ ͬͩ	3750. ͬͤ ͬͩ
590616.	850. ͬͤ ͬͩ	
598154.	850. ͬͤ ͬͩ	

Les Effets ci-dessus doivent être garnis de six Coupons d'un an d'intérêts, dont le premier timbré, 1.ᵉʳ Avril 1768.

4.ᵉ LOTERIE ROYALE. Effets au Porteur.		
NUMÉROS.	CAPITAUX.	
653447.	700 ͭͭ ͬͤ ͬͩ	
666444.	680. ͬͤ ͬͩ	
670574.	700. ͬͤ ͬͩ	3480. ͬͤ ͬͩ
680510.	700. ͬͤ ͬͩ	
844.	700. ͬͤ ͬͩ	

Les Effets de la 4.ᵉ Loterie Royale doivent être garnis;

SAVOIR,

Ceux de la 4.ᵉ époque de 9 Coupons d'un an d'intérêts, dont le premier timbré, 1.ᵉʳ Juillet 1768.

Ceux de la 5.ᵉ ...... de 7 .... *Idem* ..... *Idem.*
Ceux de la 6.ᵉ ...... de 3 .... *Idem* ..... *Idem.*
Ceux de la 7.ᵉ ...... de 7 .... *Idem* ..... *Idem.*
Ceux de la 8.ᵉ ...... de 8 .... *Idem* ..... *Idem.*
Ceux de la 9.ᵉ ...... de 9 .... *Idem* ..... *Idem.*
Ceux des 10.ᵉ & 11.ᵉ sans Coupons.
Ceux de la 12.ᵉ ...... de 1 ..... *Idem* ..... *Idem.*

Nota. Sur les 11.ᵉ & 12.ᵉ époques, il y a une retenue de Cinq pour cent à faire, en vertu de l'Arrêt du Conseil du 17 Juin 1767.

8230. ͬͤ ͬͩ

Suite de l'Exercice 1767, troisième Classe.

11 . . . . *De l'autre part* . . . . . . 8230# #ˢ #ᵈ

COUPONS D'ANNUITÉS DE 1760.

Effets au Porteur.

NUMÉROS.	CAPITAUX.
745961.	100# #ˢ #ᵈ
750753.	100. # #
751245.	100. # #
762039.	100. # #
485.	100. # #
787.	100. # #
765560.	100. # #

7 . . .

700. #

Les Coupons d'Annuités de 1760 ci-dessus, doivent être garnis de trois Coupons d'intérêts d'un an, dont le premier timbré, *Octobre 1768.*

COUPONS D'ANNUITÉS DE 1761.

Effets au Porteur.

NUMÉROS.	CAPITAUX.
781104.	100# #ˢ #ᵈ
783035.	100. # #
036.	100. # #
794821.	100. # #
811787.	100. # #
815609.	100. # #

6 . . .

600. #

Les Coupons d'Annuités de 1761 ci-dessus, doivent être garnis de quatre Coupons d'intérêts d'un an, dont le premier timbré, *Octobre 1768.*

24 . . .

9530. # #

Suite de l'*Exercice 1767, troisième Classe.*

24 . . . . Ci-contre . . . . : 9530^{tt} n^s n^d

COUPONS D'ANNUITÉS DE 1762. Effets au Porteur.		
NUMÉROS.	**CAPITAUX.**	
841259.	100^{tt} n^s n^d	
842380.	100. n n	400. n n
853059.	100. n n	
868445.	100. n n	

Les Coupons d'Annuités de 1762 ci-dessus, doivent être garnis de cinq Coupons d'intérêts d'un an, dont le premier timbré, *Octobre 1768.*

ANNUITÉS DE 500^{tt}. Effets au Porteur.		
NUMÉROS.	**CAPITAUX.**	
683544.	500^{tt} n^s n^d	
690613.	500. n n	1500. n n
727084.	500. n n	

Les Annuités ci-dessus, doivent être garnies de huit Coupons d'intérêts d'un an, dont le premier timbré, 1.er *Octobre 1768.*

CONTRAT À TROIS POUR CENT, Sur les Postes.		
NUMÉRO.	**PRINCIPAL.**	
877521.	3000^{tt} n n	3000. n n

14430. n n

Suite de l'*Exercice 1767*, *troisième Classe*.

32 . . . . *De l'autre part* . . . . . . 14430^{ll} ll^s ll^d

COLONIES.
Effets au Porteur.

NUMÉROS.	CAPITAUX.
938474.	6391^{ll} 13^s 4^d
585.	3183. 6. 8.

2 . . . } . . . . . 9575. ll

Les Effets ci-dessus, doivent être garnis de six Coupons d'intérêts de six mois, dont le premier timbré, 1.er *Juillet 1768.*

EMPRUNT D'ALSACE, *du 16 Mars 1760.*
Effet au Porteur.

NUMÉRO.	CAPITAL.
943955.	700^{ll} ll ll

1 . . . . 700. ll

L'Effet ci-dessus doit être garni de huit Coupons d'intérêts d'un an, dont le premier timbré, 1.er *Mai 1768.*

RECONNOISSANCES *des Dettes de la Guerre, de la Marine & des Colonies.*
Effets au Porteur.

NUMÉROS.	CAPITAUX.
981909.	1000^{ll} ll ll
985625.	1000. ll ll
997094.	500. ll ll
842.	500. ll ll
1070504.	800. ll ll

5 . . . . } . . . . . 3800. ll

Les Effets ci-dessus, doivent être garnis de sept Coupons d'intérêts d'un an, dont le premier timbré, 1.er *Janvier 1769.*

40 . . . . 28505. ll

Suite de l'*Exercice 1767, troisième Classe.*

40 .... Ci-contre .... 28505ʰ ııˢ ııᵈ

C A N A D A. Effets au Porteur.	
N U M É R O S.	C A P I T A U X.
1026039.	80ʰ ııˢ ııᵈ
301.	50. ıı ıı
1027907.	50. ıı ıı
1028266.	80. ıı ıı
292.	60. ıı ıı
1029089.	500. ıı ıı
225.	5000. ıı ıı
1030006.	10000. ıı ıı
364.	10000. ıı ıı
1039000.	60. ıı ıı
1074792.	300. ıı ıı
1075047.	80. ıı ıı
826.	1000. ıı ıı
1076304.	60. ıı ıı

14... (accolade) 27320. ıı ıı

Les Effets ci-dessus doivent être garnis de trois Coupons d'intérêts d'un an, dont le premier timbré, *Janvier 1769.*

54... **T O T A L de la Troisième Classe.....** 55825. ıı ıı

Nota. Tous les Objets qui composent la troisième Classe ci-dessus étoient remboursables suivant la Liste du deuxième Tirage, dressée en Janvier 1767, dans les quartiers d'Avril, Juillet & Octobre 1767 & dans le quartier de Janvier 1768.

INTÉRÊTS PERDUS depuis les époques de remboursemens jusqu'au dernier Février 1770.

INTÉRÊTS à CINQ POUR CENT, reprenant du 1.er Mars 1770 jusqu'au 31 Juillet 1771, en vertu des Arrêts du Conseil des 25 Février 1770 & 28 Février 1771.

Dix-sept Mois à payer sur les simples quittances des Propriétaires, savoir, pour les Effets au Porteur, avec retenue du Dixième, & pour le Contrat sur les Postes, sans retenue de Dixième ; ce Contrat étant assujetti au droit de Mutation.

RÉCAPITULATION DES TROIS CLASSES.

C L A S S E S.	NOMBRE des NUMÉROS.	C A P I T A U X.
PREMIÈRE.....................	11.	33750ʰ ııˢ ııᵈ
DEUXIÈME....................	80.	235675. ıı 8.
TROISIÈME & dernière........	54.	55825. ıı ıı
TOTAL de l'Exercice 1767.....	145.	325250. ıı 8.

EXERCICE 1768.

RESTES de la Liste du 3.ᵉ tirage de Loterie, fait au mois de Janvier 1768.

PREMIÈRE CLASSE,

Composée des objets ci-après ;

SAVOIR,

Emprunt de 50 Millions, *création de 1760 & 1763.* Effets au Porteur.

Coupons d'Annuités.........{de 1760.......... de 1761.......... de 1762.......... } Idem.

Rentes sur les Aides & Gabelles à Quatre pour cent... Création de 1758.

Reconnoissances en échange des Lettres de change des Colonies.................. } Effets au Porteur.

Emprunt d'Alsace du 16 Mars 1760............. Idem.

Dettes de la Guerre, de la Marine & des Colonies.... Idem.

Reconnoissances du Canada.................. Idem.

EMPRUNT DE 50 MILLIONS.
Effet au Porteur.

NUMÉRO.	CAPITAL.	
586921.	1000^{tt} ^{tf} ^{td}	1000^{tt} ^{tf} ^{td}

2....

L'Effet ci-dessus doit être garni de cinq Coupons d'intérêts d'un an, dont le premier timbré, 1.ᵉʳ Avril 1769.

COUPONS D'ANNUITÉS DE 1760.
Effets au Porteur.

NUMÉROS.	CAPITAUX.	
754753.	100^{tt} // //	
757151.	100. // //	
769472.	100. // //	
773660.	100. // //	

4....   400. // //

Les Coupons d'Annuités de 1760 ci-dessus, doivent être garnis de deux Coupons d'intérêts d'un an, dont le premier timbré, 1.ᵉʳ Octobre 1762.

5....   1400. // // COUPONS.

Suite de l'*Exercice 1768, première Classe.*

.... *Ci-contre*.......... 1400^{tt} $^{ \prime\prime s}$ $^{\prime\prime d}$

COUPONS D'ANNUITÉS DE 1761.

Effets au Porteur.

NUMÉROS.	CAPITAUX.	
791506.	100^{tt} $^{\prime\prime s}$ $^{\prime\prime d}$	
798699.	100. $\prime\prime$ $\prime\prime$	300. $\prime\prime$ $\prime\prime$
817541.	100. $\prime\prime$ $\prime\prime$	

Les Coupons d'Annuités de 1761 ci-deſſus, doivent être garnis de trois Coupons d'intérêts d'un an, dont le premier timbré, 1.er Octobre 1769.

COUPONS D'ANNUITÉS DE 1762.

Effets au Porteur.

NUMÉROS.	CAPITAUX.	
827902.	100^{tt} $\prime\prime$ $\prime\prime$	
864572.	100. $\prime\prime$ $\prime\prime$	300. $\prime\prime$ $\prime\prime$
867468.	100. $\prime\prime$ $\prime\prime$	

Les Coupons d'Annuités ci-deſſus, doivent être garnis de quatre Coupons d'intérêts d'un an, dont le premier timbré, 1.er Octobre 1769.

CONTRATS À QUATRE POUR CENT,

ſur les Aides & Gabelles de 1758.

NUMÉROS.	PRINCIPAUX.	
881890.	8000^{tt} $\prime\prime$ $\prime\prime$	
885204.	4000. $\prime\prime$ $\prime\prime$	
886944.	4600. $\prime\prime$ $\prime\prime$	20200. $\prime\prime$ $\prime\prime$
887028.	3200. $\prime\prime$ $\prime\prime$	
817.	400. $\prime\prime$ $\prime\prime$	

22200. $\prime\prime$ a

F.

Suite de l'*Exercice 1768*, *première Classe.*

16 . . . . *De l'autre part* . . . . . 22200ᵗᵗ ᵘˢ ᵘᵈ

C O L O N I E S.
Effet au Porteur.

N U M É R O.	C A P I T A L.	
938468.	8522ᵗᵗ 4ˢ 5ᵈ	8522. 4. 5

L'Effet ci-dessus, des Colonies, doit être garni de quatre Coupons d'intérêts de six mois, dont le premier timbré, 1.ᵉʳ Juillet 1769.

EMPRUNT D'ALSACE du 16 Mars 1760.
Effets au Porteur.

N U M É R O S.	C A P I T A U X.	
1108630.	800ᵗᵗ ᵘˢ ᵘᵈ	
1109344.	700. ″ ″	
1110246.	600. ″ ″	
331.	600. ″ ″	2700. ″ ″

Les Effets ci-dessus doivent être garnis de sept Coupons d'intérêts d'un an, dont le premier timbré, 1.ᵉʳ Mai 1769.

RECONNOISSANCE des Dettes de la Guerre, de la Marine & des Colonies.
Effet au Porteur.

N U M É R O.	C A P I T A L.	
985623.	1000ᵗᵗ ″ ″	1000. ″ ″

L'Effet ci-dessus doit être garni de six Coupons d'intérêts d'un an, dont le premier timbré, 1.ᵉʳ Janvier 1770.

---

22 . . . . 34422. 4. 5

Suité de l'*Exercice 1768, première Classe.*

22............... Ci-contre........... 34422^{tt} 4^{f} 5^{d}

CANADA.

Effets au Porteur.

NUMÉROS.	CAPITAUX.
1030396.	60^{tt} ^{f} ^{d}
1031710.	1000. ^{f} ^{d}
1031905..	1000. ^{f} ^{d}
1033240.	80. ^{f} ^{d}
1075447.	80. ^{f} ^{d}
819.	1000. ^{f} ^{d}
1081917.	5000. ^{f} ^{d}
1083445.	60. ^{f} ^{d}

8..... 8280. ^{f} ^{d}

Les Effets ci-dessus, du Canada, doivent être garnis de deux Coupons d'intérêts d'un an, dont le premier timbré, *Janvier 1770.*

30.... TOTAL de la première Classe...... 42702. 4. 5.

Nota, Tous les objets qui composent la Première Classe ci-dessus, étoient remboursables suivant la Liste du Troisième Tirage, dressée en Janvier 1768, dans les quartiers d'Avril, Juillet & Octobre 1768; & dans le quartier de Janvier 1769.

INTÉRÊTS PERDUS depuis les époques de remboursement jusqu'au dernier Février 1770.

INTÉRÊTS À CINQ POUR CENT reprenant du 1.er Mars 1770 au 31 Août 1771; en vertu des Arrêts du Conseil des 25 Février 1770 & 28 Février 1771.

Dix-huit Mois à payer sur les simples quittances des Propriétaires, tant des Effets au Porteur, que des Contrats avec retenue de Dixième; ces Contrats étant exempts du droit de Mutation.

F ij

DEUXIÈME CLASSE,

Composée des objets ci-après;

S A V O I R,

Rentes fur les Aides & Gabelles. . . . . { *Au denier 20.* / *Au-deffus du denier 20.*

Rentes fur les Tailles. . . . . { *Au denier 20.* / *Au-deffus du denier 20.*

Charges des États du Roi des Domaines. . . . . . *Au denier 20.*

Charges des États du Roi des Bois, Eaux & Forêts. *Au denier 20.*

Augmentations de Gages . . . . { *Au denier 20.* / *Au-deffus du denier 20.*

CONTRATS fur les Aides & Gabelles, Au Denier 20.	
NUMÉROS.	PRINCIPAUX.
416.	1800 tt ii f ii d
2329.	1500. ii ii
4843.	20000. ii ii
8374.	1118. 15. ii
19795.	10000. ii ii
822.	7875. ii ii
943.	48. ii ii
21998.	1500. ii ii
22347.	1875. ii ii
30134.	400. ii ii
740.	2500. ii ii
41654.	20000. ii ii
882.	2650. ii ii

13 . . . { . . . } 71266 tt 15 f ii d

13 . . .   71266. 15. ii

Suite de l'Exercice 1768, deuxième Classe.

n° 3 . . . . Ci-contre . . . . 71266 H 15 ſ n d

CONTRATS sur les Aides & Gabelles.
Au-dessus du Denier 20.

NUMÉROS.	PRINCIPAUX.
80292.	1250 H n ſ n d
85938.	10500. // //
87220.	17720. // //
95635.	20000. // //
100905.	18000. // //
104068.	20000. // //
107132.	2060. // //
672.	1500. // //
113986.	10000. // //
116920.	2930. // //
118466.	3000. // //
131432.	1625. 6. 8.

12 . . . . 108585. 6. 8

CONTRATS sur les Tailles,
Au Denier 20.

NUMÉROS.	PRINCIPAUX.
132507.	464 H // //
133701.	720. // //
135167.	4800. // //
779.	232. // //
136316.	800. // //
855.	864. // //
137414.	830. // //
954.	270. // //
8.	8980. // //

25 . . .

179852. 1. 8

Suite de l'Exercice 1768, deuxième Classe.

25 . . . . De l'autre part . . . . 179852^{tt} 1^{ſ} 8^{d}

Suite des CONTRATS ſur les Tailles. Au Denier 20.	
NUMÉROS.	PRINCIPAUX.
8 . . . . . De l'autre part.	8980^{tt} $_{ll}$^{ſ} $_{ll}$^{d}
139681.	209. $_{ll}$ $_{ll}$
144237.	932. $_{ll}$ $_{ll}$
145469.	208. $_{ll}$ $_{ll}$
146530.	538. $_{ll}$ $_{ll}$
890.	624. $_{ll}$ $_{ll}$
147023.	210. $_{ll}$ $_{ll}$
156070.	1010. 10. $_{ll}$
678.	215. $_{ll}$ $_{ll}$
754.	312. $_{ll}$ $_{ll}$
157796.	522. $_{ll}$ $_{ll}$

18 . . . $\}$ 13760. 10. ^{ll}

CONTRATS ſur les Tailles. Au-deſſus du Denier 20.	
NUMÉROS.	PRINCIPAUX.
168884.	512^{tt} 11. 8.
171522.	1860. $_{ll}$ $_{ll}$
175507.	1008. $_{ll}$ $_{ll}$
176434.	1177. 10. $_{ll}$
179016.	713. 6. 8.
181030.	800. $_{ll}$ $_{ll}$
196743.	404. 13. 4.
197106.	638. $_{ll}$ $_{ll}$
198250.	6651. $_{ll}$ $_{ll}$

9 . . . $\}$ 13765. 1. 8

52 . . .   207377. 13. 4

Suite de l'*Exercice 1768*, *deuxième Classe*.

CHARGES des États du Roi des Domaines.
Au Denier 20.

NUMÉROS.	PRINCIPAUX.	
204212.	10180^{tt} //^f //^d	
205117.	2930. // //	
210404.	2200. // //	17710. // //
982.	2400. // //	

CHARGES des États du Roi des Bois,
Eaux & Forêts.
Au Denier 20.

NUMÉRO.	PRINCIPAL.	
228039.	1900^{tt} // //	1900. // //

AUGMENTATIONS DE GAGES,
Au Denier 20.

NUMÉROS.	PRINCIPAUX.	
240574.	100^{tt} // //	
666.	3000. // //	
241129.	263. 18. 4.	
243113.	270. // //	
253978.	148. 15. //	
254411.	59. 10. //	10050. 1. 4
870.	4000. // //	
264437.	308. // //	
458.	288. // //	
265183.	255. 18. //	
266240.	1080. // //	
268095.	276. // //	

Suite de l'*Exercice 1768*, *deuxième Classe.*

69 . . . . *De l'autre part* . . . . . 237037 ͭͭ 14 ͬ 8 ͩ

AUGMENTATIONS DE GAGES, Au-deſſus du Denier 20.		
NUMÉROS.	PRINCIPAUX.	
360333.	1696 ͭͭ ̷ ͬ ̷ ͩ	
732.	1280. ̷ ̷	
733.	2160. ̷ ̷	10836. ̷ ̷
372002.	4700. ̷ ̷	
993.	1000. ̷ ̷	
74 . . .	TOTAL de la Deuxième Claſſe	247873. 14. 8

Nota. Tous les Contrats qui compoſent la deuxième Claſſe ci-deſſus, étoient rembourſables, ſuivant la Liſte du troiſième Tirage, dreſſée en Janvier 1768, dans les quartiers de Juillet & Octobre 1768.
INTÉRÊTS PERDUS, depuis les époques de rembourſement, juſqu'au dernier Février 1770.
INTÉRÊTS à CINQ POUR CENT, reprenant du 1.ᵉʳ Mars 1770, juſqu'au 31 Août 1771, en vertu des Arrêts du Conſeil des 25 Février 1770 & 28 Février 1771.
Dix-huit Mois à payer ſur les ſimples quittances des Propriétaires, ſans retenue de Dixième; tous ces Contrats étant aſſujettis au droit de Mutation.

TROISIÈME CLASSE,

Compoſée des objets ci-après :

SAVOIR,

Amortiſſemens, *création de 1749* . . . . { *Contrats.* / *Effets au Porteur.*

3.ᵉ Loterie royale, *création de 1755* . . . . Effets au Porteur.

AMORTISSEMENS, *création de 1749.* Contrats.		
NUMÉROS.	PRINCIPAUX.	
480122.	571 ͭͭ 8 ͬ 6 ͩ	12571 ͭͭ 8 ͬ 6 ͩ
215.	7000. ̷ ̷	
224.	5000. ̷ ̷	
3 . . .		12571. 8. 6

AMORTISSEMENS

Suite de l'*Exercice 1768, troisième Classe.*

3 . . . . **Ci-contre** . . . . 12571 ℔ 8ˢ 6ᵈ

AMORTISSEMENS, création de 1749.

Effet au Porteur.

NUMÉRO.	CAPITAL.
483533.	1000 ℔ ″ˢ ″ᵈ

1 . . . 1000. ℔ ″

L'Effet ci-dessus, doit être garni d'un Coupon de six mois d'intérêts, timbré *Janvier 1769.*

3.ᵉ *LOTERIE ROYALE, création de 1755.*

Effets au Porteur.

NUMÉROS.	CAPITAUX.
607822.	660 ℔ ″ˢ ″ᵈ
608296.	660. ″ ″
609688.	672. ″ ″
611044.	672. ″ ″

4 . . . 2664. ℔ ″

Les Effets de la 3.ᵉ Loterie Royale doivent être garnis;

SAVOIR,

Ceux du 5.ᵉ tirage sans Coupons.

Ceux du 6.ᵉ d'un Coupon d'un an d'intérêts, timbré 1.ᵉʳ *Avril 1769.*

Ceux du 8.ᵉ . . . de 2 *Idem.* dont le premier timbré *Idem.*

Ceux des 9.ᵉ & 10.ᵉ . . . . de 3 *Idem.* . . . . , . . *Idem.*

Ceux du 12.ᵉ tirage qui étoient remboursables, comme les autres ci-dessus, dans le quartier d'Avril 1768, de 9 Coupons *Idem.*, dont le premier timbré 1.ᵉʳ *Avril 1769.*

Plus, ceux encore du 12.ᵉ tirage qui étoient remboursables dans le quartier d'Octobre 1768, de 8 Coupons seulement, d'intérêts d'un an, dont le premier timbré 1.ᵉʳ *Avril 1770.*

---

8 . . . TOTAL de la Troisième Classe 16235. 8. 6

Nota. Tous les objets qui composent la troisième Classe ci-dessus, étoient remboursables suivant la Liste du troisième Tirage, dressée en Janvier 1768, dans les quartiers d'Avril & Octobre 1768, & dans le quartier de Janvier 1769.

INTÉRÊTS PERDUS, depuis les époques des Remboursemens jusqu'au dernier Février 1770.

INTÉRÊTS à CINQ POUR CENT, reprenant du 1.ᵉʳ Mars 1770 jusqu'au 31 Août 1771, en vertu des Arrêts du Conseil des 25 Février 1770 & 28 Février 1771.

Dix-huit Mois à payer sur les simples quittances des Propriétaires, savoir pour les Effets au Porteur avec retenue de Dixième, & pour les Contrats sur la Caisse des Reconnoissances sans retenue de Dixième; ces Contrats étant assujettis au droit de Mutation.

G

Suite de l'*Exercice 1768.*

RÉCAPITULATION des trois *Classes.*

CLASSES.	NOMBRE des NUMÉROS.	CAPITAUX.
PREMIÈRE....................	30.	42702^{tt} 4^{f} 5^{d}
DEUXIÈME...................	74.	247873. 14. 8.
TROISIÈME & dernière........	8.	16235. 8. 6.
TOTAL de l'Exercice 1768.	112.	306811. 7. 7.

EXERCICE 1769.

RESTES du 3.e Tirage compris dans la Liste de 1768, & indiqués par les Lettres patentes du 7 Février 1769 ; ensemble des objets contenus & détaillés par Nature, Numéros & Sommes dans lesdites Lettres patentes.

SAVOIR,

PREMIÈRE DIVISION

Composée des objets détaillés dans la 3.e Liste, & renseignés dans les Lettres patentes.

SAVOIR,

3.e Loterie royale, *création de 1755.........* } Effets au Porteur.   Conversions en Contrats.

3.e *LOTERIE ROYALE, création de 1755.* Effets au Porteur.	
NUMÉROS.	CAPITAUX.
613539.	654^{tt} n^{f} n^{d}
614459.	642. n n
616748.	636. n n
618410.	660. n n
610.	660. n n
656.	660. n n
657.	660. n n
7.	4572. n n

Suite de l'*Exercice 1769*, *première Division*.

NUMÉROS.	CAPITAUX.
Suite de la 3.ᵉ *LOTERIE ROYALE*, &c. Effets au Porteur.	

NUMÉROS.	CAPITAUX.	
7 . . . . . . Ci-contre	4572ᴸ ᴵᴵᵈ ᴵᴵˢ	
618751.	660. ᴵᴵ ᴵᴵ	
619091.	660. ᴵᴵ ᴵᴵ	
621455.	666. ᴵᴵ ᴵᴵ	
622017.	666. ᴵᴵ ᴵᴵ	
623437.	666. ᴵᴵ ᴵᴵ	
590.	666. ᴵᴵ ᴵᴵ	
619.	666. ᴵᴵ ᴵᴵ	
625597.	702. ᴵᴵ ᴵᴵ	
627342.	702. ᴵᴵ ᴵᴵ	
27 . . . { 406.	702. ᴵᴵ ᴵᴵ	18004ᴸ ᴵᴵˢ ᴵᴵᵈ
629198.	636. ᴵᴵ ᴵᴵ	
630750.	700. ᴵᴵ ᴵᴵ	
631296.	700. ᴵᴵ ᴵᴵ	
770.	700. ᴵᴵ ᴵᴵ	
632333.	648. ᴵᴵ ᴵᴵ	
580.	654. ᴵᴵ ᴵᴵ	
636030.	700. ᴵᴵ ᴵᴵ	
996.	648. ᴵᴵ ᴵᴵ	
637022.	648. ᴵᴵ ᴵᴵ	
121.	642. ᴵᴵ ᴵᴵ	

Les Effets ci-dessus de la troisième Loterie royale, qui étoient remboursables, suivant les Lettres patentes du 7 Février 1769, pendant l'année, du 1.ᵉʳ Avril 1769 au dernier Mars 1770, doivent être garnis de Coupons d'un an d'intérêts à Cinq pour cent;

27 . . .

18004. ᴵᴵ ᴵᴵ

Suite de l'*Exercice 1769*, première *Division.*

S A V O I R ,

Ceux du 5.e Tirage, qui étoient remboursables
- dans le quartier d'Avril 1769, d'un seul Coupon, échéant en Avril 1770.
- dans le quartier d'Oct. 1769, sans Coupons.
- dans le quartier de Janv. 1770, sans Coupons.

Ceux du 6.e Tirage, qui étoient remboursables
- dans le quartier d'Avril 1769,
- dans le quartier d'Oct. 1769,
- dans le quartier de Janv. 1770, } sans Coupons.

Ceux du 8.e Tirage, qui étoient remboursables
- dans le quartier d'Avril 1769, d'un seul Coupon, échéant en Avril 1770.
- dans le quartier d'Oct. 1769, sans Coupons.
- dans le quartier de Janv. 1770, sans Coupons.

Ceux du 9.e Tirage, qui étoient remboursables
- dans le quartier d'Avril 1769, d'un seul Coupon, échéant en Avril 1770.
- dans le quartier d'Oct. 1769, d'un seul Coupon, échéant en Avril 1771.
- dans le quartier de Janv. 1770, d'un seul Coupon, échéant idem.

Ceux du 10.e Tirage, qui étoient remboursables
- dans le quartier d'Avril 1769, de deux Coupons, 1.er échéant en Avril 1769.

Ceux du 11.e Tirage, qui étoient remboursables
- dans le quartier d'Avril 1769, de huit Coupons, 1.er échéant en Avril 1770.
- dans le quartier de Juill. 1769, de sept Coupens, 1.er échéant en Avril 1771.

Ceux du 12.e Tirage, qui étoient remboursables
- dans le quartier d'Avril 1769, de huit Coupons, 1.er échéant en Avril 1770.

Et ceux du 13.e Tirage, qui étoient remboursables
- dans le quartier de Juill. 1769.
- dans le quartier d'Oct. 1769. } de sept Coupens, 1.er échéant en Avril 1771.

27 . . . . *De l'autre part* . . . . . 18004^{ft} //^f //^d

3.e LOTERIE ROYALE, création de 1755. Conversion en Contrat.		
NUMÉRO.	CAPITAL.	
1 . . . 638624.	1338^{ft} //^f //^d	1338. //^f //^d
28 . . . TOTAL de la première Division		19342. //^f //^d

SECONDE DIVISION

Composée des objets ci-après, compris dans les Lettres patentes du 7 Février 1769.

SAVOIR,

3.ᵉ Loterie Royale, *création de 1755*............ *Effets au Porteur.*

Deux Sous pour livre du Dixième, *création de 1756.*. *Idem.*

EFFETS AU PORTEUR de la 3.ᵉ Loterie royale, mentionnés dans les Lettres patentes du 7 Février 1769, qui restoient à numéroter lors desdites Lettres, dont les Capitaux y sont fixés à la somme de 16562ᴴ, qui s'est trouvée réduite au moyen des Effets présentés à l'enregistrement, & remboursés avant l'Arrêt du Conseil du 28 Février 1771, à 4276ᴴ; laquelle dernière somme se trouve encore réduite à ce jour, au moyen d'un Effet de 648ᴴ, qui a été numéroté & remboursé depuis lesdites Lettres patentes & ledit Arrêt, à celle de 3628ᴴ pour Effets encore à numéroter & à rembourser aux termes desdites Lettres patentes, ci......................... 3628ᴴ ₙˢ ₙᵈ

Voyez la Note mise à la suite des Effets au Porteur, ci-devant de la 3.ᵉ Loterie royale pour connoître combien de Coupons devront avoir les Effets à numéroter lorsqu'ils seront présentés au remboursement.

DEUX SOUS POUR LIVRE DU DIXIÈME,
Création de 1756.

Effets au Porteur.

NUMÉROS.	CAPITAUX.
487112.	1000ᴴ ₙˢ ₙᵈ
126.	1000. ₙ ₙ
209.	1000. ₙ ₙ
252.	1000. ₙ ₙ
314.	1000. ₙ ₙ

5000. ₙ ₙ

Les Effets ci-dessus ne doivent pas avoir de Coupons d'intérêts.

TOTAL de la seconde Division.... 8628. ₙ ₙ

Suite de l'*Exercice 1769*, *seconde Division.*

Nota. Tous les objets ci-dessus de l'Exercice 1769, étoient rémboursables dans l'année du 1.er Avril 1769 au dernier Mars 1770, suivant les Lettres patentes du 7 Février 1769; savoir, les Effets au Porteur de la 3.e Loterie royale, à compter d'un mois d'Avril 1769, jusques & compris le 22 Janvier 1770; les Effets de ladite Loterie convertis en Contrats, à compter du 24 dudit mois de Janvier jusqu'au 19 Février suivant inclusivement; & les Effets sur les Deux sous pour livre du Dixième, à compter du 21 dudit mois de Février jusqu'au 30 Mars 1770.

INTÉRÊTS PERDUS depuis lesdites époques de remboursement jusqu'au dernier Février 1770.

INTÉRÊTS À CINQ POUR CENT, reprenant en vertu de l'Arrêt du Conseil du 25 Février 1770, à compter du 1.er Mars suivant jusqu'au premier jour du mois des indications de remboursement annexés aux Arrêts du Conseil, des 28 Février 1771 & 13 Février 1772.

S A V O I R,

EFFETS AU PORTEUR DE LA 3.e LOTERIE ROYALE.

De Numéro 613539 à 632333..... 19 Mois d'intérêts à payer du 1.er Mars 1770 au 1.er Octobre 1771.

Et de Numéro 632580 à 637121..... 20 Mois d'intérêts à payer du 1.er Mars 1770 au 1.er Novembre 1771.

3.e LOTERIE ROYALE, CONVERSION EN CONTRATS.

Numéro 638624...... 22 Mois à payer du 1.er Mars 1770 au 1.er Janvier 1772, en exécution des deux premiers Arrêts du Conseil des 25 Février 1770 & 28 Février 1771.

Suite des EFFETS AU PORTEUR DE LA 3.e LOTERIE ROYALE.

Pour ce qui reste à numéroter, montant à 3628^{tt}.... deux ans & deux mois d'intérêts, à payer du 1.er Mars 1770 au 1.er Mai 1772.

EFFETS AU PORTEUR SUR LES DEUX SOUS POUR LIVRE DU DIXIÈME.

De Numéro 487112 à 126.... 32 Mois à payer du 1.er Mars 1770 au 1.er Novembre 1772.

Et de Numéro 487209 à 314.... 33 Mois à payer du 1.er Mars 1770 au 1.er Décembre 1772, en exécution desdits deux premiers Arrêts, & de celui du 13 Février 1772.

Tous les Intérêts ci-dessus, payables sur les simples quittances des Propriétaires.

Nota. Plusieurs Porteurs ont touché la première année d'intérêts, du 1.er Mars 1770 au 1.er Mars 1771, alors les Effets sont retranchés d'un coin & paraphés; sur ceux-là il n'y aura à payer que ce qui sera échu depuis le 1.er Mars 1771 jusqu'au premier jour du mois dans lequel les Effets devoient être remboursés, suivant les indications à la suite des Arrêts des 28 Février 1771 & 13 Février 1772, avec retenue de Dixième.

Il est dû des Intérêts pour les Effets non paraphés & non retranchés, à compter du 1.er Mars 1770, également avec retenue de Dixième.

Les Contrats sujets au droit de Mutation, sont exempts de cette retenue; toutes Constitutions antérieures au 31 Décembre 1757, sont sujettes au droit de Mutation.

Avant de rembourser les Effets auxquels il manquera des Coupons, la Caisse des Arrérages devra restituer le Dixième des Coupons manquans, attendu que lesdits Coupons seront retenus en plein sur le remboursement.

Suite de l'*Exercice 1769*.

RÉCAPITULATION.

	NOMBRE des NUMÉROS.	CAPITAUX.
Première Division.............	28.	19342ᵗᵗ ₙˢ ₙᵈ
Seconde Division............	5.	8628. ₙ ₙ
Total de l'Exercice 1769....	33.	27970. ₙ ₙ

EXERCICE 1772.

CANADA.

Effets au Porteur du Canada, de propriété *Britannique*, compris dans la *Liste du tirage* fait le 24 *Mars* 1772, en présence de *M.* le *Lieutenant général de Police*, en son *Hôtel*, en exécution de l'*Arrêt du Conseil* du 2 *Février* 1772, restans à rembourser.

SAVOIR;

ÉPOQUES des Remboursemens suivant la LISTE.	NUMÉROS		CAPITAUX	NOMBRE des NUMÉROS.	MONTANT des CAPITAUX.
	D'ORDRE.	D'ENRÉGISTR.			
Juillet 1772..	8220.	1075890.	1000ᵗᵗ	1.	1000ᵗᵗ
Septembre.......	10794.	1080248.	1000.	1.	1000.
Octobre.......	3520.	1032040.	1000.	2.	2000.
	10795.	1080249.	1000.		
Total de l'Exercice 1772..............				4.	4000.

Nota. Les Effets ci-dessus sont sans Coupons; point d'Intérêts à payer.

EXERCICE 1775.
CANADA.

UN EFFET AU PORTEUR DU CANADA, de propriété Britannique, remboursable, quoique non compris dans la Liste du tirage fait le 24 Mars 1772, faisant partie des soixante-treize Effets de même nature, employés & compris dans l'État arrêté au Conseil, annexé à l'Arrêt du 7 Mai 1773, qui en a ordonné & fixé le remboursement dans le mois de Juin 1775; ledit Effet restant seul à rembourser sur l'Exercice 1775.

SAVOIR,

NUMÉRO D'ORDRE.	NUMÉRO DE L'ENREGISTREM.	CAPITAL.
1857.	1034530.	2000ª u^f u^d
TOTAL de l'Exercice 1775, 1 Effet.....		2000. u u

Nota. L'Effet ci-dessus est sans Coupons; point d'Intérêts à payer.

RÉCAPITULATION GÉNÉRALE
DES SIX EXERCICES.

EXERCICES.	NOMBRE de NUMÉROS.	CAPITAUX.
1766.	98.	136156ª 5^f 10^d
1767.	145.	325250. u 8.
1768.	112.	306811. 7. 7.
1769.	33.	27970. u u
1772.	4.	4000. u u
1775.	1.	2000. u u
TOTAL GÉNÉRAL..	393.	802187. 14. 1.

FAIT & arrêté au Conseil d'État du Roi, tenu à Versailles le dix août mil sept cent quatre-vingt. *Signé* AMELOT.

Registré en la Chambre des Comptes, ouï & ce requérant le Procureur général du Roi. Les Semestres assemblés, le seize septembre mil sept cent quatre-vingt. Signé HENRY.

CAISSE

*É*TAT DES DÉLÉGATIONS faites au Trésorier général de la Caisse des Amortissemens, pour payement du droit de Mutation établi par l'Édit du mois de Décembre 1764, qui restent à recouvrer au 15 Août 1780 ; & dont le sieur DARRAS, Trésorier de la Caisse des Arrérages, est chargé de suivre le recouvrement, à compter dudit jour, en exécution de l'article VII de la Déclaration du Roi de ce jour.

SAVOIR;

EXERCICES.	ARTICLES & Nombre des DÉLÉGATIONS.	DATES des DÉLÉGATIONS.	ANNÉES sur lesquelles portent les DÉLÉGATIONS.	NATURE des RENTES.	DATES des CONSTITUTIONS.	NOMS Des PARTICULIERS qui ont délégué.	Des PAYEURS.	MONTANT des DÉLÉGATIONS.
1768......	1817.	13 Sept... 1768.	1769.	Tailles.........	14 Janvier 1724.	François MERLIN......	M. DARRAS..........	42ʰ 14ᶠ 6ᵈ
1771......	1640.	2 Août... 1771.	1768.	Idem.........	28 Février 1721.	Alexandre CARPENTIER, Procureur de Jean-Pierre LE ROUX.........	Idem...... 72ʰ ᵘˢ ᵘᵈ	92. 10. 6.
	2200.	29 Octobre 1771.	1769.	Idem.........	30 Juin... 1724.	Pierre-François HEBERT.	Idem...... 20. 10. 6.	
1772......	137.	8 Février 1772.	1770.	Idem.........	5 Juin.... 1721.	Antoine VINCENTI....	Idem...... 58. 7. 10.	109. 7. 10.
	889.	1.ᵉʳ Octob. 1772.	1770.	Aides & Gabelles.	4 Avril.. 1722.	François-Renard de FRANIÉ, Procureur de Marie-Nicole BOUTTEVILLE, veuve de François LE MAIRE...	M. MASSON.. 51. ᵘ ᵘ	
1773......	578.	27 Sept.... 1773.	1773.	Idem.........	17 Mars... 1721.	Antoine-Théophile COLLIER DE LA MARLIÈRE.	M. PENCHEIN.......	396. 13. 4.
1774......	93.	16 Mars... 1774.	1771.	Idem.........	5 Mai... 1731.	Claude LE MIRE......	M. BOSCHERON. 8. 5. 8.	194. 19. ᵘ
	122.	23 dudit......	1772.	Idem.........	7 Février 1721.	Antoine-Louis-Henri GORJON DE VERVILLE.	Idem...... 186. 13. 4.	
1775......	328.	25 Octobre 1775.	1775.	Tailles....	30 Octobre 1723.	Nicolas VANDÉ, Procureur de Pierre-Louis Comte DE FAILLY & son Épouse...	M. DARRAS. 12. 8. 10.	21. 9. 2.
	400.	24 Février 1776.	1774.	Idem.........	26 Mai... 1724.	Marguerite AGNAS, veuve de Jean CAYEUX, Procuratrice de Jean LE SUEUR DE LA BRETONNIE....	Idem...... 9. ᵘ 4.	
10 Délégations.						TOTAL............		857. 14. 4.

FAIT & arrêté au Conseil d'État du Roi, tenu à Versailles le dix Août mil sept cent quatre-vingt. *Signé* AMELOT.

Registré en la Chambre des Comptes, oüi & ce requérant le Procureur général du Roi. Les Semestres assemblés, le seize Septembre mil sept cent quatre-vingt. *Signé* HENRY.